COLLECTION CH. B...

MONNAIES

ROMAINES, BYZANTINES

GAULOISES, MÉROVINGIENNES, CAROLINGIENNES

ROYALES & BARONALES FRANÇAISES

PARIS · 1907

COLLECTION CH. B...

MONNAIES

ROMAINES, BYZANTINES
GAULOISES, MÉROVINGIENNES, CAROLINGIENNES
ROYALES & BARONALES FRANÇAISES

VENTE AUX ENCHÈRES PUBLIQUES
A L'HOTEL DROUOT, SALLE Nº 8
Les Lundi 13 et Mardi 14 Mai 1907
à deux heures précises

EXPOSITION UNE HEURE AVANT LA VENTE

COMMISSAIRE-PRISEUR :
Me M. DELESTRE, 5, rue Saint-Georges

EXPERTS :
MM. ROLLIN & FEUARDENT
4, rue de Louvois, et à Londres, 6, Bloomsbury Street

PARIS · 1907

CONDITIONS DE LA VENTE

Elle sera faite au comptant.

Les adjudicataires paieront, en sus des enchères, *dix pour cent*, applicables aux frais.

Les experts se réservent la faculté de réunir ou de diviser les lots.

Paris. — Imprimerie de l'Art, CH. BERGER ET Cie, 41, rue de la Victoire.

MONNAIES ROMAINES

RÉPUBLIQUE

1. **Campaniennes**. Tête de Mars, à g. ℞ ROMANO. Buste de cheval. Æ. — Tête d'Apollon. ℞ ROMA. Cheval galopant. Æ. — Tête de Mercure. ℞ ROMA. Proue. PB. — Tête d'Apollon. ℞ ROMA, Cheval galopant. PB, patine verte. Quatre pièces.

2. Tête janiforme. ℞ Quadrige de Jupiter. — Electrum (Babelon, n. 26), rare.

3. **Familles romaines**. Anonymes (aux Dioscures et au bige de Luna). — Aburia (Bab. n. 6). — Accoleia (n. 1). — Acilia (n. 8). — Aelia (n. 4). — Aemilia (n. 7, 8, 10). — Afrania (n. 1). — Æ, onze pièces.

4. *Alliena*, ℞ [A.] ALLIENVS PRO. COS. Personnage debout à gauche, tenant la triquètre. Æ (Bab. n. 1), rare.

5. Annia (n. 2, var. avec un Q sous le buste, trouée). — Antestia (n. 9). — Antia (n. 2). — Antonia (n. 1). — Appuleia (n. 1). — Aquillia (n. 1, 2). — Æ, sept pièces.

6. *Arria*. ℞ Haste entre une couronne et une phalère. Æ (Bab. n. 2), rare.

7. *Atia*. ATIVS. BALBVS. PR. Tête à gauche. ℟. SARD. PATER. Tête coiffée de plumes. MB, rare.

8. *Aufidia*. ℟ Quadrige. *Rare*.

9. *Autronia*. ℟ Les Dioscures. *Rare*.

10. Atilia (n. 9). — Aurelia (n. 20). — Axia (PB à la tête de Janus). — Baebia (n. 12). — Caecilia (n. 38, 43, 44). — Cassia (n. 1). — Calidia (n. 1). — Calpurnia (℟ cavalier à droite). — Æ et Br. Dix pièces.

11. *Canidia*. Tête d'Apollon. ℟ CRA. Faisceau et hache. MB. (Bab. n. 1), *rare*.

12. Carisia (n. 1, 3, 10). — Cassia (n. 4, 7, 9, 10, 18). — Æ, huit pièces.

13. *Cestia*. Buste de l'Afrique. ℟ L. CESTIVS C. NORBA. Chaise curule. OR (Bab. n. 1).

14. Cipia (n. 1). — Claudia (n. 1, 5, 14). — Cloulia (n. 2). — Clovia (n. 11). — Æ et B, six pièces.

15. Coelia (n. 2). — Considia (n. 2, 7). — Coponia (n. 2). — Cordia (n. 1, 4). — Cornelia (n. 10, 25, 55). — Æ, dix pièces.

16. *Cornuficia*. Tête de Cérès à g. ℟ Q. CORNVFICI AVGVR. IMP. Augure couronné par Junon Sospita (Bab. n. 3). — Æ, très rare, mais fourrée, comme presque tous les exemplaires.

17. Cosconia, Cossutia (n. 1), *Crepereia* (n. 1). — Æ, trois pièces.

18. Crepusia (n. 1), Critonia, Cupiennia, Curiatia (n. 1), Curtia (n. 2). — Æ, cinq pièces.

19. *Decia.* ℞ Dioscures; bouclier gaulois et carnyx en sautoir. — Æ, *rare.*

20. Decimia, Didia (n. 2), Domitia (n. 1, 7), Egnatia (n. 2), Egnatulcia (quinaire). — Æ, sept pièces.

21. Eppia (n. 1), Fabia, Fabrinia (n. 2), Fannia (n. 1), Farsuleia (n. 2), Flaminia (n. 1), Fonteia (n. 7, 10). — Æ et br., huit pièces.

22. Fufia, Fulvia (n. 1), Fundania (n. 2), Furia (n. 18, 19, 23). — Æ, six pièces.

23. *Gargilia* (Bab., n. 1), rare. — La même, sans légendes. — Æ, deux pièces.

24. Gellia (n. 1), Herennia (n. 1), Horatia (n. 1, *rare*). — Æ, trois pièces.

25. Hosidia (n. 1), Hostilia (n. 2, 5), Itia (*rare*). — Æ, quatre pièces.

26. Julia (n. 5), Junia (n. 15, 30), Juventia (n. 7), Licinia (n. 7, 16). — Æ, sept pièces.

27. Livineia (n. 11), Lollia (n. 1), Lucilia, Lucretia (n. 1), Lutatia (n. 2), Maenia (n. 7), Maiania (n. 1), Mallia (n. 1), Mamilia (n. 6). — Æ, neuf pièces.

28. Manlia (n. 4), Marcia (n. 12, 24, 27, 28). — Æ, cinq pièces.

29. Maria (n. 9), Matiena (n. 2), Memmia (n. 2), Minucia (n. 9, 19), Mucia, Mussidia (n. 6, 7). — Æ, huit pièces.

30. Naevia (n. 6), Nasidia (n. 1, *rare*), Neria (n. 1, *rare*), Nonia (n, 1), Norbana (n. 2), Numitoria (n. 2, *semis*). — Æ et B, six pièces.

31. *Numonia*. C. NVMONIVS. VAALA. Tête. ℞ VAALA. Attaque d'un camp. Bab. n. 2. Æ fourré.

32. *Ogulnia*. ℞ OCVL dans le champ, GAR. VER. Bab. n. 1 — Æ.

33. Opimia (n. 16), Oppia (n. 1, MB), Papia (n. 2), Papiria (n. 7), Petillia (n. 2), Pinaria (n. 2), Plaetoria (n. 3, 5), Plancia. — Æ et Br, neuf pièces.

34. Plautia (n. 13, 14), Plutia, Poblicia (n. 6), Pompeia (n. 1), Pomponia (n. 13), Porcia (n. 3, 5, 7). — Æ, neuf pièces.

35. Postumia (n. 7, 8), Procilia (n. 1), Quinctia (n. 6), Quinctilia (*rare*). — Æ, cinq pièces.

36. Renia (n. 1), Roscia, Rubria (n. 1, 3), Rustia (n. 3, fourrée, *rare*), Rutilia. — Æ, six pièces.

37. Satriena, Saufeia (n. 1), Scribonia (n. 1, 8), Sempronia (n. 2), Sentia (n. 1), Sergia. — Æ, sept pièces.

38. Servilia (n. 1, 13, 14), Sicinia (n. 1, 5), Spurilia (n. 1), Sulpicia (n. 1, 6). — Æ, dix pièces.

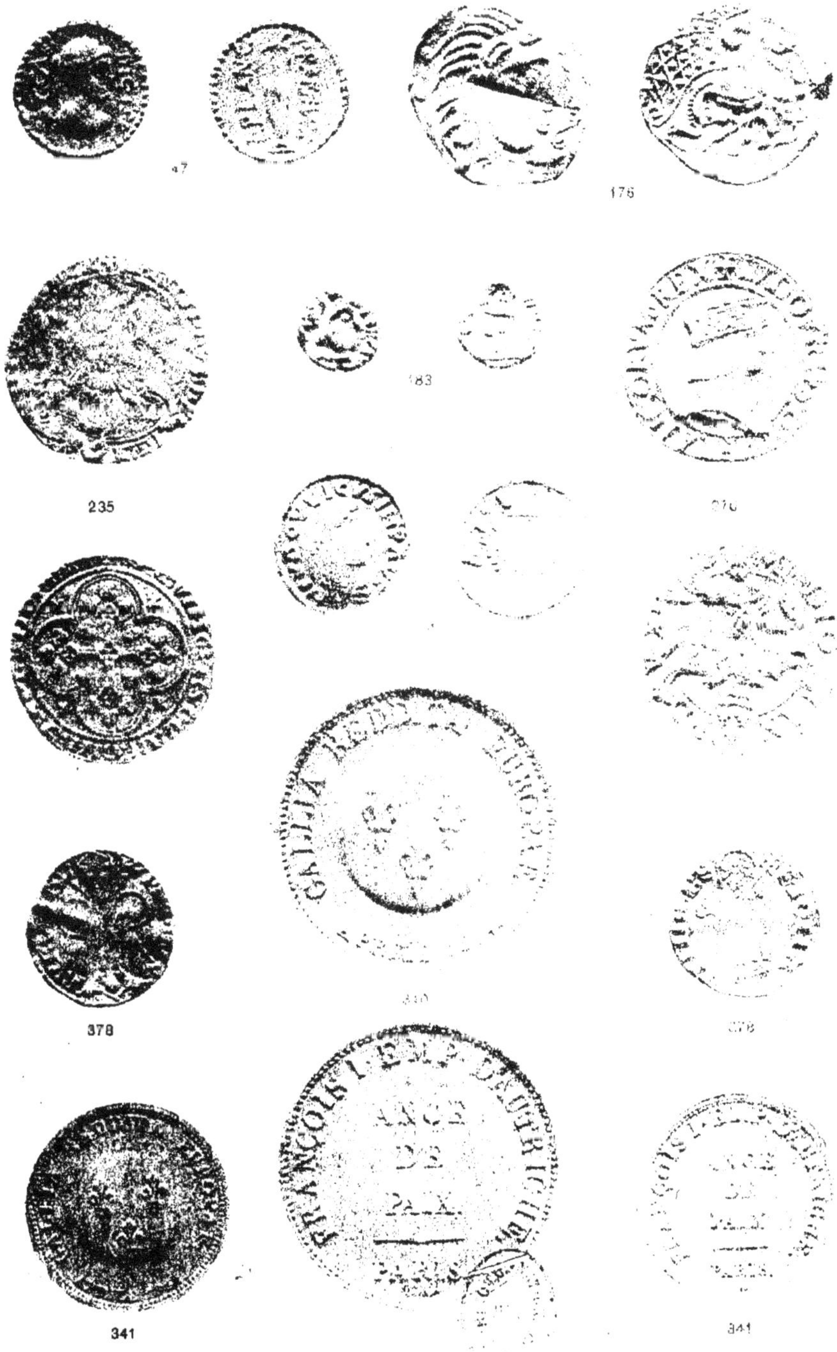

47 176

235 183 276

378 340 378

341 341

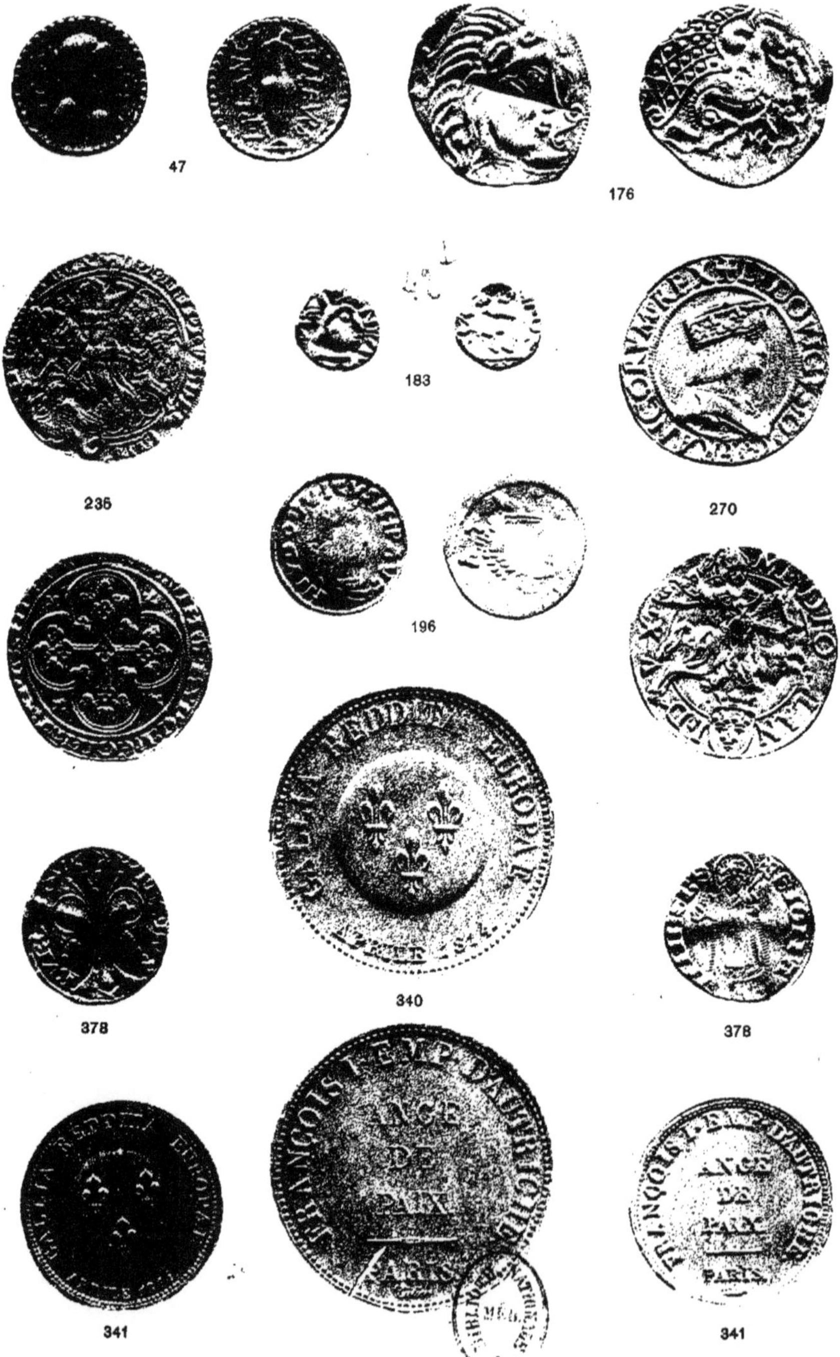

47 176

183

236 270

196

340

378 378

341 341

39. Tarquitia (*rare*), Terentia (n. 10). — Æ, deux pièces.

40. Thoria, Titia (n. 1, 3), Titinia (n. 7), Titturia (n. 4, 6), Trebania (n. 1). — Æ, huit pièces.

41. Tullia, Valeria (n. 7, 11), Vargunteia (n. 1), Vergilia (n. 1, *rare*). — Æ, cinq pièces.

42. Vettia (n. 1), Veturia (n. 1), Vibia, (n. 1, 16, 18), Vinicia (n. 1, *rare*), Volteia (n. 2, 3). — Æ, neuf pièces.

EMPIRE ROMAIN

43. **Pompée.** Denier de Poblicius (Cohen, n. 1). — **Sextus Pompée.** ℞ Trophée naval (n. 1). — Æ, deux pièces.

44. **Jules César.** ℞ Eléphant, trophée gaulois, Énée portant son père Anchise. — Æ, trois pièces.

45. **Hirtia.** C. CAESAR COS.TER. Tête voilée. ℞ A. HIRTIVS. PR. Lituus, vase et hache (Coh. n. 3). — Or.

46. *Mettia.* ℞ Vénus nicéphore (n. 35, *rare*).

47. *Munatia.* C. CAES. DIC. TER. Buste de Victoire. ℞ L. PLANC. PRAEF. VRB. Vâse à long col (n. 31). *Rare.* — Or.

(*Voyez la planche.*)

48. *Sepullia.* ℟ Vénus nicéphore (nos 40, 41). — *Voconia.* ℟ Veau à gauche. (n. 45, fourrée). — Æ, trois pièces.

49. **César et Antoine.** Denier aux deux têtes (n. 3).

50. **César et Octave.** GB aux deux têtes (n. 3). — *Sanquinia.* Denier aux deux têtes, celle de César surmontée d'une étoile. Æ.

51. **Brutus.** ℟ Lyre (n° 5). — *Flavia.* C. FLAV. HEMIC. LEG. PRO. PR. Buste d'Apollon. ℟ Victoire couronnant un trophée (n. 7), *rare,* mais trouée. Æ, deux pièces.

52. *Junia.* COSTA LEG. Buste de femme. ℟ Trophée (n° 4.) — *Sestia.* ℟ Trépied (n. 11). — Æ, deux pièces.

53. **Lépide et Octave.** Denier aux deux bustes (n. 2). Æ.

54. **Antoine.** Tête du Soleil (n. 13), légion XII. — Æ, deux pièces.

55. *Turillia.* ℟ D. TVR. Victoire dans une couronne (n. 11). *Rare.* — Æ.

56. **Antoine et Octave.** Denier aux deux bustes (Barbatia), n. 8. — **Fulvia.** ℟ LVGVDVNI, Lion (n. 4). Quinaire.

57. **Antoine et Octavie.** Cistophore aux bustes géminés (n. 3). Æ.

58. **Antoine et Cléopâtre.** Denier aux deux bustes. Æ.

59. **Lucius Antoine**. L. ANTONIVS. COS. Buste à droite (Nerva), n. 2. — AR.

60. **Auguste**. ℟ C. L. CAESARES. Caius et Lucius tenant chacun une haste et un bouclier (n. 42). — Or.

61. Cistophore. ℟ PAX. La Paix debout dans une couronne. — AR.

62. ASIA RECEPTA (quinaire, n. 14). — Caius et Lucius debout, Apollon d'Actium, temple de Mars Ultor, quadrige au pas. — AR, cinq pièces.

63. *Caninia*. ℟ Parthe à genoux (n. 383). — *Durmia*. ℟ Quadrige au pas (n. 429, fourrée). — *Mescinia*. ℟ Mars sur une base (n. 463). — AR, trois pièces.

64. *Petronia*. ℟ Parthe à genoux (n. 484). — *Salvia*. ℟ Foudre (n. 514). — *Vipsania*. ℟ M. AGRIPPA COS. DESIG. — AR, trois pièces.

65. *Apronia, Asinia, Betiliena, Luria, Maecilia, Plotia, Rubellia, Silia, Statilia*. — MB et PB, neuf pièces.

66. **Auguste et Agrippa**. Monnaie de Nîmes. — **Agrippa**. Tête à gauche. ℟ Neptune (n. 3). MB. — Deux pièces.

67. **Livie**. PIETAS. Buste voilé. — MB.

68. **Tibère**. ℟ Femme assise, quadrige au pas (n. 16, 48). — AR.

69. **Drusus** (fils de Tibère). Tête à gauche. MB (n. 2). — **Néron Drusus.** ℞ Claude assis sur une chaise curule, GB. — ℞ Claude voilé, tenant le simpule. MB. — **Germanicus**. Buste à gauche (n. 1) et à droite (n. 9). MB. — Six pièces.

70. **Caligula et Agrippine.** Denier aux deux têtes (n. 2, *rare*). — **Caligula et Germanicus**. Denier aux deux têtes (n. 2, *rare*). — Æ.

71. **Claude.** ℞ SPQR OB C S dans une couronne (n. 86). — Or.

72. TI·CLAVD·CAESAR AVG·GERM·PM TRIB POT PP. Tête laurée à droite. ℞ PACI AVGVSTAE. La Paix et un serpent. Æ, *var.* — ℞ Pallas debout (n. 84). MB. — Main tenant une balance. PB. — Æ et Br., quatre pièces.

73. **Claude et Agrippine**. Denier aux deux bustes (n. 4). Æ. — **Claude et Messaline**. Tétradrachme d'Alexandrie. ℞ ΜΕΣΣΑΛΙΝΑ ΚΑΙΣ ΣΕΒΑΣ. L'impératrice voilée, debout à gauche. Æ.

74. **Néron**. ℞ Jupiter assis. Æ. — Tétradrachme d'Alexandrie (an 12), potin. — ℞ Apollon jouant de la lyre. MB. — **Néron et Poppée**. Tétradrachme d'Alexandrie. ℞ Buste de l'impératrice; potin. — Quatre pièces.

75. **Galba**. ℞ Diva Augusta, cavalier, SPQR OB CS dans une couronne (n. 55, 97). Æ — Enseignes militaires. MB. — Quatre pièces.

76. **Othon**. ℟ La Sécurité (n. 17). — Æ.

77. **Vitellius**. ℟. Trépied, Liberté debout. Æ, deux pièces.

78. **Vespasien**. ℟ Neptune, caducée. Æ. — Tétradrachme fr. à Antioche de Syrie. — Trois pièces.

79. **Titus**. ℟ TR P IX IMP XV COS VIII PP. Éléphant à gauche (n. 300). — Or.

80. ℟ Trône voilé, dauphin et foudre au-dessus d'un trône. Æ. — L'Éternité. MB, patine verte. — Trois pièces.

81. **Julie**. ℟ Vesta assise (n. 18). MB.

82. **Domitien**. ℟ Ancre et dauphin, casque sur un trône. Æ. — ℟ Fortune de l'Auguste. MB, patine verte. — **Domitia**. ℟ Modius rempli d'épis (n. 14). PB. — PB grec. — Cinq pièces.

83. **Nerva**. ℟ Deux mains jointes. Æ. — **Trajan**. ℟ Fortune assise. Æ. — ℟ Victoire, trophée dacique, MB. — Quatre pièces.

83 *bis*. **Trajan et son père**. ℟ DIVVS PATER TRAIAN[VS]. Trajan père assis à gauche. Æ. Rare.

84. **Hadrien**. ℟ L'Egypte couchée, *adventus Aug*. (n. 80, tête laurée), astre et croissant. Æ. — **Sabine**. ℟ Concorde assise, Junon debout. Æ. — **Aelius César**. ℟ Concorde assise. Æ. — ℟ La Pannonie. MB. — Sept pièces.

85. **Antonin.** ℞ L'Abondance debout. Æ. — **Antonin et Marc-Aurèle.** Denier aux deux bustes. Æ. — **Faustine mère.** ℞ L'Éternité. Æ. — **Marc-Aurèle.** ℞ Rome debout, consécration (aigle). Æ. — **Faustine jeune.** ℞ L'Allégresse. MB. — **Annius Vérus.** Tête d'enfant. ℞ SC dans une couronne. PB. — Sept pièces.

86. **Lucius Vérus.** ℞ L'Arménie couchée, Victoire au vol. — **Lucille.** ℞ Concorde assise. — **Commode.** ℞ Apollon debout, la Félicité, armes d'Hercule. — **Crispine.** ℞ La Concorde debout à gauche. — Æ, sept pièces.

87. **Pertinax** ℞ [O]PI DIVIN... Déesse assise à gauche et tenant deux épis (n. 337). Æ.

88. **Dide Julien.** ℞ CONCORD... Femme debout tenant deux enseignes (n. 2). Æ, incomplète.

89. **Manlia Scantilla.** ℞ Junon reine. Æ (fabrique de Becker). — **Didia Clara.** ℞ HILAR... L'Allégresse tenant une palme et une corne d'abondance (n. 4). GB.

90. **Pescennius Niger.** ℞ APOLLIN[I SAN]CTO. Apollon appuyé contre un cippe (n. 2). Æ.

91. ℞ FORTVNAE RED. La Fortune debout à gauche, tenant un gouvernail et une corne d'abondance (n. 24). Æ.

92. **Albin.** ℞ Minerve debout à gauche (n. 48). Æ. — ℞ La Concorde assise (n. 7). GB. — Deux pièces.

93. **Sévère.** ℞ Jupiter debout, l'Empereur sacrifiant. — **Domna.** ℞ La Piété. — **Caracalla.** ℞ Quadrige à gauche (grand module), trophée parthique. — **Plautille.** ℞ La Piété (n. 16). — **Géta.** ℞ Prince de la Jeunesse, la Félicité debout. — Æ, huit pièces.

94. **Macrin.** ℞ *Fides militum* (n. 23). — **Diaduménien.** ℞ Prince de la Jeunesse (n. 3), rare.

95. **Elagabal.** ℞ Félicité des Temps, l'Empereur sacrifiant. — **Paula.** ℞ Concorde assise (n. 6).

96. **Aquilia Severa.** ℞ La Concorde debout et sacrifiant (n. 2, dorée).

97. **Annia Faustina.** GB frappée à Sidon.

98. **Maesa.** ℞ La Fécondité debout. — **Soaemias.** ℞ Junon reine. — **Alexandre.** ℞ L'Annone, Jupiter *ultor* assis à gauche, *virtus Aug.* — Tétradrachme fr. à Alexandrie. — **Mamée.** ℞ Junon conservatrice. — Æ et potin, sept pièces.

99. **Orbiane.** ℞ La Concorde assise à gauche (n. 1). Æ. — **Maximin.** ℞ *Fides militum*, Victoire à droite. — **Maxime.** ℞ Prince de la Jeunesse. Æ. — ℞ Instruments de sacrifice. GB. — Cinq pièces.

100. **Gordien d'Afrique père.** ℞ PROVIDENTIA AVGG. La Providence debout à gauche (n. 6), GB.

101. **Gordien d'Afrique fils**. IMP CAES M ANT GORDIANVS AFR AVG. Buste lauré et drapé. ℞ ROMAE AETERNAE. Rome assise à gauche. GB. (n. 9).

102. **Balbin**. ℞ La Félicité debout à gauche (n. 18). Æ.

103. **Pupien**. ℞ Deux mains jointes, la Félicité tenant un caducée. — Æ, deux pièces.

104. **Gordien III**. ℞ Concorde des soldats, assise à gauche (grand module); l'Empereur à cheval. Æ. — **Gordien et Tranquilline**. MB grec fr. à Marcianopolis.

105. **Tranquilline**. PB grec fr. à Samos.

106. **Philippe père**. ℞ *Roma aeterna* assise à gauche, antilope. — **Otacile**. ℞ La Piété debout. — **Philippe fils**. ℞ Prince de la Jeunesse, antilope. — **Trajan Dèce**. ℞ Les deux Pannonies, la Paix, l'Empereur à cheval. — **Etruscille**. ℞ La Pudicité. — **Etruscus**. ℞ Deux mains jointes, l'Espérance. — **Hostilien**. ℞ Mars *propugnator*. — **Trébonien**. ℞ L'Éternité, la Félicité publique, Junon *martialis*. — Billon, quinze pièces.

107. **Volusien**. ℞ Concorde assise, Paix, Victoire. — **Émilien**. ℞ Hercule vainqueur, Victoire à gauche. — **Valérien**. ℞ *Virtus Augg*. — **Mariniane**. ℞ Paon enlevant Mariniane au ciel. — **Gallien**. ℞ Trophée germanique, chèvre. — **Salonine**. ℞ La Piété assise à gauche. — **Salonin**. ℞ Jupiter enfant sur une chèvre, l'Orient. — Billon, treize pièces.

108. **Macrien jeune.** ℟ APOLLINI CONSERVA. Apollon debout tenant sa lyre. Étoile dans le champ (n. 2). PB.

109. **Quietus.** ℟ ROMAE AETERNAE. Rome assise à gauche (n. 11). Billon. — SOLI INVICTO. Le Soleil debout (n. 12).

110. **Postume.** ℟ Hercule *pacifer*, etc. — **Lélien.** ℟ Victoire (*rare*). — **Victorin père, Marius** (℟ deux mains jointes), **Tétricus père et fils.** — Bil. et bronze, onze pièces.

111. **Claude II, Quintille, Aurélien, Aurélien et Vaballathe, Sévérine, Tacite, Florien, Probus, Carus, Numérien, Carin.** — PB, vingt pièces.

112. **Magnia Urbica.** ℟ Vénus *genitrix*. — PB.

113. **Nigrinien.** ℟ CONSECRATIO. Aigle (n° 2). PB.

114. **Dioclétien.** ℟ Sacrifice devant un camp. AR. — ℟ Jupiter, etc, MB et PB. — **Maximien Hercule.** ℟ Sacrifice. AR. — ℟ Hercule, etc. MB et PB. — AR et B., neuf pièces.

115. **Carausius.** ℟ Soldat debout, etc. — **Allectus.** ℟ Navire à voile, etc. — PB., quatre pièces.

116. **Domitien.** ℟ Génie du peuple romain. MB., *rare*.

117. **Constance-Chlore.** ℟ Sacrifice. AR. — ℟ Génie du peuple romain, etc. MB. — **Hélène.** ℟ La Sécurité debout (n. 12). PB. — **Theodora.** ℟ La Piété. B., quinaire. — AR et B., sept pièces.

118. **Galère-Maximien.** ℞ Sacrifice. Æ. — ℞ Génie du peuple. MB. — **Valéric.** ℞ Vénus victorieuse. MB. — **Sévère II.** ℞ Génie du peuple, etc. — **Maximin-Daza.** ℞ Quadrige du Soleil. Æ. — ℞ Génie de l'Auguste. PB. — **Maxence, Romulus, Licinius père et fils.** — Æ et B., quinze pièces.

119. **Constantin le Grand,** *urbs Roma,* **Fausta, Crispus, Delmace.** — PB., dix pièces.

120. **Hannibalien.** ℞ SECVRITAS PVBLICA. Fleuve couché (n. 2). PB.

121. **Constantin II, Constant Ier, Constance II.** — PB, huit pièces.

122. **Constance II.** Buste casqué de face. ℞ Rome et Constantinople assises, tenant un bouclier (n. 112). — Or.

123. **Népotien.** ℞ VRBS ROMA. Rome assise à gauche (n. 3). *Rare,* troué. MB.

124. **Vétranion.** ℞ L'empereur tenant à chaque main un labarum (n. 1). MB. — **Magnence, Décence, Constance-Galle, Julien II.** — Æ et Br., neuf pièces.

125. **Hélène.** ℞ Anubis (n. 32, *rare*). PB.

126. **Valentinien Ier.** ℞ RESTITVTOR REIPVBLICAE. L'empereur debout. — Sou d'or.

127. ℞ Rome assise. Æ. — **Valens.** ℞ le même. — Æ et Br. quatre pièces.

128. **Procope.** ℞ L'empereur debout. — Deux pièces. Br.

129. **Gratien.** ℞ VICTORIA AVGG. Deux empereurs assis de face, couronnés par une Victoire. — Sou d'or.

130. ℞ Rome assise. AR. — **Valentinien II.** ℞ Victoire. AR.

131. **Théodose Ier.** ℞ La Concorde assise. — Sou d'or.

132. ℞ Victoire. — Tiers de sou d'or.
℞ Rome assise. AR. — **Flaccille, Magnus Maxime** (n. 20). — Or, AR et Br., cinq pièces.

133. **Victor**, PB. — **Eugène**, AR.

134. **Honorius.** Tiers de sou d'or et AR.

135. **Constantin III.** AR.

136. **Jovin** (n. 2). — AR.

137. **Jean**, trois quinaires de Br.

138. **Valentinien III**, tiers de sou d'or.

139. **Majorien**, tiers de sou d'or (n. 15) et PB.

140. **Sévère III**, tiers de sou d'or.

141. **Anthème**, tiers de sou d'or.

142. **Jules Nepos**, tiers de sou d'or.

EMPIRE D'ORIENT

143. **Arcadius, Eudocie** (femme de Théodose II), tiers de sou d'or (Sabatier, n. 3). — Or, AR et B, quatre pièces.

144. **Marcien** (?). PB. — **Pulchérie**, tiers de sou d'or, troué (n. 9).

145. **Léon Ier**, sou d'or au buste de face et tiers de sou d'or. — Deux pièces.

146. **Zénon**, sou d'or.

147. **Basiliscus**, sou d'or.

148. **Anastase Ier**, tiers de sou d'or (troué) et MB.

149. **Justin Ier**, tiers de sou d'or. — **Justinien**, tiers de sou d'or.

150. **Rois ostrogoths en Italie**. Théodoric, AR. — Athalaric, AR. — Theodahatus, MB et PB. — Witigès, PB. — Totila (Baduela). PB. — *Roma invicta*. — **Rois vandales à Carthage**. Geilamir (pl. 20, 20). — Carthage autonome. — PB. au chiffre XXI. — AR et B. Treize pièces.

151. **Justin II**, sou d'or (troué). — **Tibère II**, tiers de sou d'or (var. de pl. 22, 16); PB au chiffre X.

152. **Maurice-Tibère**, sou d'or et deux PB.

153. **Focas**, tiers de sou d'or (n. 29) troué. — **Heraclius** et sa famille, **Constant II**, etc. — Or et PB. Huit pièces.

154. **Tibère V**, tiers de sou d'or (n. 28). — **Constantin V Copronyme, Léon IV**, etc. — Or et PB. neuf pièces.

155. **Théophile**, tiers de sou d'or, aux deux bustes (n. 8). — **Michel III**, etc. PB. — Trois pièces.

156. **Basile Ier et Constantin IX**, sou d'or (n. 22).

157. Pièce d'argent (pl. 45, 1). — **Léon VI**, etc. Bronze. Cinq pièces.

158. **Romain Ier et Christophe**, sou d'or (n. 12), troué. — **Romain II**, etc. — Or et B. Quatre pièces.

159. **Basile II** et **Constantin XI**. Pièce d'argent (pl. 48, 15). — **Constantin XI**. — AR et B, deux pièces.

160. **Romain III**, sou d'or (pl. 49, 2).

161. **Michel IV**, sou d'or (n. 3), troué. *Rare.*

162. **Constantin XII**, petit sou d'or. ℞ Buste nimbé du Christ.

163. **Théodora**. La Vierge et Théodora tenant le labarum. ℞ Christ debout (Pl. 49, 13). — Or.

164. **Isaac Ier Comnène**. Sou d'or concave (n. 17).

165. **Constantin XIII Ducas, Romain IV, Michel VII**, etc. — B, seize pièces.

166. **Jean II Comnène**. Sou d'or concave. ℞ Le Christ assis.

167. **Manuel Ier**. Sou d'or concave (Pl, 55, 2).

168. **Michel VIII**, Sou d'or concave. ℞ La Vierge à la haie (Pl. 59, 3),

169. **Andronic II et Michel IX**. Sou d'or concave. (Pl. 60, 13).

170. **Manuel II**. Pièce d'argent aux deux bustes (Pl. 63, 7).

171. Matapans de Venise. — Æ, quatre pièces.

FRANCE

MONNAIES GAULOISES

172. Marseille, Antipolis, Cabellio, Arvernes, Tectosages, Elusates, etc. — Æ et B, neuf pièces.

173. Bituriges Cubes, Santons, Lemovices, Pictons. — Æ et B, sept pièces.

174. Armorique. — Potin et B, six pièces.

175. Andégaves, Bellovaques, Calètes, Carnutes, etc. — Æ et B, neuf pièces.

176. *Parisii.* Tête barbare. ℞ Cheval ailé à gauche. — Or, grand module, marqué d'une entaille.

(*Voyez la planche.*)

177. Meldes, Véliocasses, Rèmes, Trévires, Nerviens. — B, huit pièces.

178. Éduens, Séquanes, Helvètes, etc. — B, six pièces.

179. Tricasses, Senones, Lingons, Catalauni, Leukes, etc. — Potin, seize pièces.

180. Germains et Pannoniens (2 tétradrachmes). — Æ, trois pièces.

MONNAIES MÉROVINGIENNES

181. **Autun.** AVGVSTIDVNO FI. Deux bustes accolés. ℞ TEVDVLFO MONET. Croix chrismée, avec AC. — Tiers de sou d'or (Prou, 2, 137).

182. **Banassac.** Tête imberbe; devant, deux croisettes. ℞ CAVALETANO. Calice. — Tiers de sou d'or.

183. **Canac.** Tête imberbe; devant, RVTIN. ℞ NΓO. Figure assise à droite devant un autel et tenant une figurine de Victoire sur la main. — Tiers de sou d'or (Belfort, n. 1377).

(*Voyez la planche.*)

184. **Chalon-sur-Saône**. ℞ Croix cantonnée de CA. — Tiers de sou d'or.

185. **Clermont-Ferrand**. ℞ AR. — Tiers de sou d'or.

186. **Durstedt**. DORESTAT FIT. Tête imberbe. ℞ MADELINVS. Croix. — Tiers de sou d'or.

187. **Lyon**. ℞ Croix cantonnée de LV. — Tiers de sou d'or.

188. **Maestricht**. † TRIECTOS. Buste à droite. RASLI-TVNI (?) à rebours. Croix à double traverse. — Tiers de sou d'or.

189. **Orléans**. AVRLIANI rétrograde. Tête à droite. ℞ Croix ancrée. — Tiers de sou d'or.

190. **Paris**. PARISI. M. Tête à droite. ℞ Croix ancrée et globules. Denier d'AR.

191. IN PALACIO. Tête à droite. ℞ Croix aux pointes crossées. Denier d'AR.

192. **Rodez**. Tête à droite. ℞ Monogramme formé des lettres RVTENS. — Tiers de sou d'or.

193. **Rois**. Gondebaud (PB au monogramme), deniers du temps de Charles Martel et du Trésor de Cimiez (D sous une barre), saïga anglo-saxonne. — AR et B, quatre pièces.

MONNAIES CARLOVINGIENNES

194. **Pépin le Bref.** R : P sous une barre. ℟ Dégénérescence du nom d'Autramnus. — Denier (var. de Prou, pl. I, 4). AR.

195. **Charlemagne.** Deniers de Melle, AR, deux pièces. — **Grimvald** (duc de Bénévent). + GRIMVALD. Buste de face. ℟ DOMS. CAR. RX. Croix cantonnée de GR. Denier d'or pâle, trois pièces.

196. **Louis Ier le Pieux.** HLVDOVVICVS IMP AVG. Buste drapé et lauré. ℟ DOR[ES]TATVS. Navire. *Rare*. AR.

(*Voyez la planche.*)

197. Denier au temple, obole de Melle. — AR, deux pièces.

198. **Pépin Ier d'Aquitaine.** ℟ AQVI-TANIA. Obole. AR.

199. **Charles le Chauve**, empereur. Deniers fr. à Bourges et à Nevers. — AR, deux pièces.

199 *bis*. — Roi. Deniers de Toulouse, oboles de Melle et d'Aquitaine. — Trois pièces.

199 *ter*. Deniers au monogramme : Court-Sessin, le Mans et Rouen. — Trois pièces.

200. **Pépin II d'Aquitaine.** Denier fr. à Toulouse. *Rare*.

201. **Louis II le Bègue**. Denier fr. à Arles (Gariel, pl. 37, 2).

202. **Louis III**. Denier fr. à Tours (Gariel, pl. 38, 5) *rare*. — Deux pièces Ʀ.

203. **Carloman II**. CARLEMANVS RE. Croix. ℟ ARLEA CIVIS. Monogramme par C. — Denier fr. à Arles.

204. **Charles le Gros**. Denier et obole de Bourges, denier d'Arles, obole au temple.— Quatre pièces, Ʀ.

205. **Eudes**. Deniers d'Angers (pl. 46, 4) et d'Orléans (pl. 47, 32); obole de Toulouse ébréchée. — Trois pièces.

206. Denier fr, à Tours (pl. 48, 4), *rare*.

207. **Charles le Simple**. Denier et obole de Melle, denier d'Arras. — Ʀ, deux pièces.

208. **Raoul**. Denier (ébréché) fr. à Angoulême, *rare*.

209. **Louis IV d'Outremer**. Denier fr. à Langres; deux pièces.

210. **Lothaire II**. Denier fr. à Bourges.

211. **Lothaire Ier**. Denier fr. à Pavie.

212. **Louis II d'Italie**. Denier au temple et denier fr. à Strasbourg; deux pièces.

213. **Louis l'Aveugle**, *roi de Provence*. Denier fr. à Vienne.

214. **Henri l'Oiseleur**, *roi de Lorraine*. Denier fr. à Verdun.

215. **Rodolphe III**, *de Bourgogne*. Denier au temple (Lyon).

216. **Conrad le Salique**. Denier au temple (dégénéré), fr. à Lyon; deux pièces.

216 *bis*. **Henri le Noir**. HENRICVS. Croix. ℟ LVGDVNVS. Dans le champ, S. Denier. — **Henri III ou IV**. Obole de Milan.

216 *ter*. **Othon Ier**. Denier fr. à Cologne.

FRANCE

MONNAIES ROYALES

217. **Hugues Capet**. Denier et obole fr. par Hérivée de Beauvais. — Æ, deux pièces.

218. **Robert Ier**. Denier fr. à Laon (Hoffmann, n. 10).

219. **Henri Ier**. Denier de Senlis (H. n. 3).

220. **Philippe Ier**. Denier de Mantes (H. n. 20, *rare*).

221. Denier de Dreux (n. 27) et obole de Senlis (n. 22, *rare*). Æ.

222. **Louis VI**. Deniers de Pontoise (n. 6), Château-Landon (n. 14), Orléans. — Denier et obole de Nevers. — Æ, cinq pièces.

223. **Louis VII**. Deniers de Paris, Bourges et Angoulême; obole d'Etampes (n. 7). — Æ, cinq pièces.

224. **Philippe-Auguste**. Denier et obole de Paris, deniers d'Arras, de Montreuil, Tours (n. 12), Laon (n. 17) et Déols. — Æ, sept pièces.

225. **Louis VIII**. Deniers parisis et tournois. — Æ, trois pièces.

226. **Louis IX**. Gros tournois et gros à l'étoile, deniers et obole tournois. — Æ, cinq pièces.

227. Dinar d'or d'imitation arabe, fr. à Saint-Jean-d'Acre.

228. Dinar d'argent, très rare, mais troué (Schlumberger, pl. 5, 28).

229. **Philippe III le Hardi**. Gros, deniers et obole tournois, Bourgeois de la Langue d'oc (n. 10, *rare*). — Æ et billon, cinq pièces.

230. **Philippe IV le Bel**. Agnel d'or (n. 1). — Beau.

231. Gros tournois à l'O rond, denier tournois, maille blanche, maille tierce, double maille et mite tournois, denier parisis, Royal parisis double, petit Royal parisis, demi-gros, bourgeois fort et simple, obole bourgeoise. — Æ et Billon, dix-sept pièces.

232. **Philippe V**. Gros tournois, denier et obole tournois, maille parisis. — Æ et Billon., quatre pièces.

233. **Charles IV.** Royal d'or (n. 2). — Beau.

234. Gros tournois. KAROLVS FR. REX (n. 5, rare).

234 *bis*. Doubles et denier parisis, mailles blanches et noires (n. 5). — Ꝛ et Billon, sept pièces.

235. **Philippe VI de Valois.** Florin Georges. ℞. Quadrilobe cantonné de fleurs de lis (n. 16, *très rare*). — Or.

(*Voyez la planche.*)

236. Royal d'or, au roi debout sous un baldaquin (n. 1). — Beau.

237. Ecu d'or, au roi assis (n. 3).

238. Pavillon d'or, au semis de fleurs de lis (n. 8). — Beau.

239. Ange d'or (n. 12, *rare*). — Beau.

240. Gros parisis (n. 19, *rare*).

241. Mailles blanches, gros à la queue, à la couronne et à la fleur de lis; denier double et maille parisis, double tournois. — Ꝛ et Billon, onze pièces.

242. Piéfort du double tournois.

243. **Jean le Bon.** Écu d'or (n. 1).

244. Mouton d'or (n. 3). Beau.

245. Royal d'or (n. 7). Beau.

246. Franc-à-cheval d'or (n. 10).

247. Florin d'or (n. 15). ℞ FRANTIA. Beau.

248. Gros blanc à la couronne; gros, double et petit tournois; gros denier blanc, gros blanc, maille blanche, doubles parisis et tournois, petit parisis de la langue d'oil. — Æ et Billon, neuf pièces.

249. **Charles V**. Franc-à-pied d'or (n. 2).

250. Franc-à-cheval d'or (n. 4).

251. Gros tournois, blanc aux lis, parisis, oboles tournoises, gros au dauphin et petit dauphin. — Billon, sept pièces.

252. **Charles VI**. Ecu d'or.

253. Agnel d'or.

254. Grossus, gros aux lis, florette, guenars, denier tournois, etc. — Æ et Billon, treize pièces.

255. **Henri V d'Angleterre**, florette et denier tournois. — **Henri VI**, gros blanc aux écus. — Æ et Billon, trois pièces.

256. **Henri VI**. Salut d'or.

257. **Charles VII**. Agnel d'or. Beau.

258. Écu d'or à la couronne (n. 2).

259. Royal d'or (n. 9). Beau.

260. Florette, grande et demi-plaque, gros de roi, grands et petits blancs, gros blanc au briquet, etc. — Æ et Billon, treize pièces.

261. **Louis XI.** Ecu d'or à la couronne (n. 4). Beau.

262. Gros du roi, grands et petits blancs, double et denier tournois, hardi, pièces delphinales, etc. — R et Billon, douze pièces.

263. **Charles VIII.** Ecu d'or au soleil. — Deux pièces.

264. Ecu d'or pour la Bretagne.

265. Gros du roi, douzain, Karolus, blanc, hardi, etc. — Billon, quatorze pièces.

266. **Louis XII.** Écu d'or au soleil (n. 1). — Beau; deux pièces.

267. Écu d'or aux porcs-épics (n. 6). — Beau.

268. Demi-gros de roi, douzains, dizains, sixains, hardi, liard, etc. — Billon, douze pièces.

269. Imitation du ducat de Naples, à la légende: *Perdam Babillonis nomen.* — R.

270. Teston. ℞ MEDIOLANI DVX. Saint Ambroise à cheval (n. 87). Rare.

(*Voyez la planche.*)

271. **François Ier.** Écu et demi-écu d'or au soleil.

272. Écu d'or à la croisette (n. 12).

273. Écu d'or à la salamandre (n. 26, *rare*).

274. Écu d'or pour le Dauphiné (n. 22, rare). — Beau.

275. Écu d'or de Milan (n. 132, *rare*).

276. Teston. ℞ NO.NOBIS.DNE, etc. Écu entre deux F couronnées (n. 42). — Æ, beau.

277. Teston du Dauphiné (n. 52). — Teston et demi-teston (n. 62, 63). — Æ, trois pièces.

278. Teston au béret, de Bretagne (n. 74, *rare*).

279. Douzains, dixain, monnaie tournoise, liard à l'F, etc. — Billon, dix pièces.

280. **Henri II**. Double Henri d'or, 1558 (n. 26). — Beau.

281. Henri d'or, 1561 (n. 24).

282. Demi-Henri d'or, 1557 (n. 25, *rare*). — Beau.

283. Teston à la couronne fermée, 1552 (n. 32, *très beau*). — Teston au marteau, 1552 (n. 65). — Æ, deux pièces.

284. Teston et demi-teston à la tête laurée, 1553 et 1554 (n. 43, 58). — Æ, deux pièces.

285. Gros et demi-gros de Nesle, douzains, liards, denier à épouser, etc. — Æ et billon, onze pièces.

286. **François II**. Teston au coin de Henri II, 1560. — Jeton du sacre (refrappe). — Æ, deux pièces.

287. **François II et Marie Stuart**. Gros au monogramme, 1558.

288. Quart de gros, liard delphinal, rare. — Billon et cuivre, deux pièces.

289. **Charles IX**. Écu et demi-écu d'or au soleil, 1566 et 1567 (n. 1, 2). — Deux pièces.

290. Teston au coin de Henri II, 1561.

291. Testons de 1562 et 1574 (n. 10, 25). — Demi-teston de 1562 (n. 12). — AR, trois pièces.

292. Double sol et sol parisis, douzains, liards, etc. — AR, billon et cuivre, huit pièces.

293. Piéfort du denier tournois. Rare.

294. ℟ VIRTVS IN REBELLES. Le Roi assis sous un dais. Méd. fr. à l'occasion de la Saint-Barthélemy. — AR, refrappe.

295. **Henri III**. Écu et demi-écu d'or au soleil, 1578 et 83 (nos 4 et 5). — Beaux, deux pièces.

296. Teston sans le titre de roi de Pologne, 1575 (n. 7). — Teston (n. 9). — Franc (n. 25). — Demis (n. 26) et quart de franc (n. 27). — AR, sept pièces.

297. Quart d'écu et huitième, gros de Nesle (nos 36 et 39). — Demi-gros (n. 38). — Douzain, etc. — Denier tournois. — AR, billon et cuivre, treize pièces.

298. **Charles X, cardinal de Bourbon**. Écu d'or au soleil, 1593 (n. 1). Beau.

299. Demi-franc au coin d'Henri III, quart et huitième d'écu, douzain, etc. — AR, billon et cuivre, sept pièces.

300. **Henri IV**. Écu d'or au soleil, 1607 (n. 5). *Rare.*

301. Demi-franc (n. 47). Beau. — Quart de franc (n. 48).

302. Trois quarts d'écu (France, Dauphiné, Navarre-Béarn). — Un huitième.

303. Douzains (nos 63 et 64). — Gros de Nesle (nos 57 et 58). — Piéfort du double tournois. — Deniers tournois. — Pièce obsidionale de Cambrai (20 patards). — Ꝛ, billon et cuivre, dix pièces.

304. **Louis XIII**. Écu et demi-écu d'or au soleil, 1634 et 33 (nos 6 et 9), deux pièces.

305. Louis et demi-louis d'or, 1642. — Très beau.

306. Demi et quart de franc. — Quart et huitième d'écu. — Quart et huitième de Béarn-Navarre. — Les mêmes de Navarre. — Ꝛ, huit pièces.

307. Louis d'argent de 60 sols, 1643 (n. 91). Très beau.

308. Louis d'argent de 30 15 et 5 sols, 1642 et 43. — Quatre pièces.

309. Douzain, pièce de 15 deniers (n. 115), piéfort du double tournois, liards de Béarn, pièce de 5 réaux et menut (Barcelone). — Billon et cuivre, dix pièces.

310. **Louis XIV**. Écu d'or au soleil, 1649 (n. 1). Beau.

311. Louis à la mèche courte (n. 6) et demi-louis d'or à la mèche longue (n. 13), 1651 et 53. Beaux.

312. Lis d'or (n. 20) de 1656.

313. Quart d'écu et huitième, 1644. — Ecu blanc, 1653 ; demi, quart et douzième. — Pièces de 30 et de 15 deniers. — Æ, huit pièces.

314. Écu de Béarn et de Navarre, 1652 (n. 83). — Pièces de 4 et de 2 sols. — Æ, trois pièces.

315. Douzième d'écu pour le Dauphiné (n. 99, *rare*).

316. Écu carambole, 1686 (n. 128) et divisions. — Écu aux palmes (n. 140), écu aux insignes, 1702 (n. 153) avec divisions; pièces de 20, 10 et 5 sols (n. 171, 172, 173), 10 sols tournois (n. 169). — Æ, quatorze pièces.

317. Ecu aux trois couronnes (1711) avec 1/2, 1/4, 1/10. — Pièces de 30, 15 et 16 deniers. — 4 et 2 deniers de Strasbourg. — Liards (n. 234, 235), denier tournois, etc. — Jeton du grand Dauphin. — Æ, billon et cuivre, seize pièces.

317 *bis*. Pièce de 3 deniers (n. 231) très rare. — *Id.* (n. 232). Rare.

317 *ter*. Demi-écu de Strasbourg (H. 281). Æ. — Pièce de dix sols (n. 289). Billon.

318. Pièce obsidionale de Landau (octogone). Æ — Seizain de Barcelone. Bronze.

319. **Louis XV**. Double louis d'or, dit de Noailles, 1717 (n. 6). Beau.

320. Louis d'or, dit Mirliton, 1723 (n. 14). Très beau.

321. Demi-louis d'or aux lunettes, 1730 (n. 17). Beau.

322. Louis d'or au bandeau, 1741 (n. 19).

323. Écu dit Vertugadin, 1716 (n. 26), avec 1/2, 1/4, 1/10. — Petit louis d'argent 1720 (n. 33). — Écu de France, 1723 (n. 40), avec 1/2, 1/3, 1/6, 1/12. — Æ, dix pièces.

324. Écu aux huit L (n. 45) et divisions. — Æ, cinq pièces.

325. Écu aux lauriers, 1729 (n. 50) et divisions, écu de 6 livres, 1765 (n. 56) divisions et pièce de 6 sols. — Æ, onze pièces.

326. Double sol, série de Law, sol de Béarn. — Billon et cuivre, sept pièces.

327. Livre d'argent fr. par la Compagnie des Indes, Iles-du-Vent, colonies, 1722, Cayenne. — Æ et bronze, cinq pièces.

328. Pondichéry : quatre et deux royalins, fanam et grand demi-fanam. — Æ et cuivre, quatre pièces.

329. **Louis XVI**. Louis d'or aux palmes, 1774 (n. 1). Très beau.

330. Louis d'or pour la Navarre, 1787 (n. 6).

331. Louis d'or constitutionnel, 1792 (n. 59). *Rare*.

332. Écu aux palmes (1787) avec ses fractions, etc. — Iles-de-France et de Bourbon, Cayenne. — Æ et cuivre, treize pièces.

333. Essai du louis d'or de Calonne, 1787 (n. 34). Æ.

334. Écu de 6 livres, au génie, 1792 (n. 60), avec fractions; pièce de 2 sols de l'an IV, etc. — Essai au buste de Louis XVII. — Æ et C., onze pièces.

335. **République**. Six blancs de Montagny, essai de Galle, etc., cuivre. — Cinq pièces.

336. Cinq francs à l'Hercule. An. 11. — Æ Fleur de coin.

337. **Consulat**. Cinq francs, an XI. — Deux francs an 12 et divisions. Très beaux. — Æ, cinq pièces.

338. **Empire**. Cinq francs 1811. Deux francs et divisions. T. B. — Ile-de-France. Dix livres. — Pièces diverses. — Æ, cuivre et billon, onze pièces.

339. **Napoléon II**. Pièces de cinq francs et de trois centimes, cuivre. Deux pièces, à fleur de coin.

340. **Les Alliés**. François I, 1814, module de cinq francs; sur la tranche: DIEV PROTÈGE LA FRANCE. — Fleur de coin. — Æ.

(*Voyez la planche.*)

341. Même type; module de deux francs, tranche inscrite. Fleur de coin. — Æ.

(*Voyez la planche.*)

342. Même médaille, sans légende sur la tranche. Br.

343. Alexandre I ; modules de cinq et de deux francs. Æ, refrappes. — Deux francs en cuivre. — Trois pièces.

344. Guillaume III ; modules de cinq et deux francs. Æ, refrappes. — Deux francs en cuivre. — Trois pièces.

345. **Louis XVIII**. 1814; décimes de Strasbourg et Anvers, cuivre. Deux pièces.

346. **Napoléon I**. *Cent jours*. Cinq francs et deux francs, par Tiolier, 1815. — Æ, deux pièces, très belles.

347. **Louis XVIII**. Cinq francs, 1816 et série. Æ, cinq pièces, très belles. — Essai en cuivre, etc. Trois pièces.

348. **Charles X**. Cinq francs 1829 et série. Æ, deux pièces, très belles. — Cuivre, deux pièces.

349. **Henri V**. Un franc, 1831; demi-franc, tête nue à gauche, 1833. Fleur de coin. — Æ, deux pièces.

350. **Louis-Philippe**. Cinq francs, 1844 et série. Æ, sept pièces, à fleur de coin. — Cuivre et billon, cinq pièces.

351. **République**, 1848. Deux francs et série. Æ, quatre pièces, à fleur de coin. — Cuivre, deux pièces.

352. **Louis-Napoléon**, président. Cinq francs (BARRE), un franc, cinquante centimes. — Æ, trois pièces, à fleur de coin.

353. **Napoléon III.** Série en cuivre, tête nue. Cinq francs tête laurée, 1861 et série. Æ, neuf pièces, à fleur de coin. — Cuivre, huit pièces.

354. **Napoléon IV.** Cinquante centimes et vingt centimes, 1874. — Æ, deux pièces, à fleur de coin.

355. **Commune.** Cinq francs, 1871. Fleur de coin.

356. **Indo-Chine.** — Æ, deux pièces. — Cuivre, une pièce.

MONNAIES FÉODALES

357. **Normandie.** Deniers anonymes. — **Bretagne.** Conan II, Geoffroi, Conan IV, anonymes, Jean II, Arthur II, Jean III, IV, V, François Ier, François II, Anne (blanc). Deniers, obole, blancs, gros, etc. — Billon, dix-huit pièces.

358. **Saint-Martin de Tours.** Denier au châtel. — **Châteauroux.** Denier de Raoul. — **Poitou.** Denier de Richard Cœur de Lion. — **Marche.** Obole de Hugues X (Poey d'Avant, pl. 56, 7). — Billon, quatre pièces.

359. **Aquitaine.** Sanche Guillaume. Denier de Bordeaux (P. pl. 58, 16). — Beau.

360. Guillaume IX, Éléonore, Henri II, Richard, Édouard Ier. — Deniers, cinq pièces.

361. Édouard III. Demi-gros tournois (pl. 61, 18), rare. — Demi-gros au léopard.

362. Le Prince Noir, Henri IV, Charles de France. — Hardis, cinq pièces.

363. **Béarn**. Centulle III, Gaston de Foix, François-Phébus, Catherine, Henri d'Albret, Henri IV. Deniers, blancs, liards. — Billon, dix-sept pièces.

364. **Navarre**. Jean et Catherine, Ferdinand (réal), Henri d'Albret, Antoine et Jeanne. Blancs, douzains, etc. — Billon, cinq pièces.

365. Jeanne d'Albret. Teston (légende retouchée). Æ.

366. Henri II et Marguerite (Pl. 74, 13). Teston. — Henri II (Pl. 75, 15 var.), quart d'écu, liard. — Æ et billon, trois pièces.

367. **Toulouse**. Alphonse de France. — Denier et obole.

368. **Provence** (marquisat). Raimond VI, Alphonse de France. — Billon, quatre pièces.

369. **Provence**. Guillaume IV (pl. 87, 18), denier rare. — Alfonse d'Aragon. — Deniers et oboles. Cinq pièces.

370. *Charles Ier d'Anjou*. Salut d'or (Caron. pl. 15, n° 4, rare). Beau.

371. Charles Ier, Robert, Louis Ier. Denier, carlin, sols couronnets. — Æ et billon, quatre pièces.

372. *Jeanne de Naples*. Florin d'or (pl. 90, 14) rare. Très beau.

373. **Comtat-Venaissin**. Petit denier à la clef. — Grégoire XI, carlin (pl. 94, 4), et suivants jusqu'à Innocent XII. — Billon, dix-sept pièces.

374. **Dauphiné**. *Charles V de France*. Florin d'or (pl. 108, 21).

375. **Dombes**, Marie. — **Franche-Comté**. Charles-Quint, Philippe II, etc. — Æ, billon et cuivre, neuf pièces.

376. **Besançon**, Hugues II (pl. 121, 18). — Anonyme (pl. 122, 2). — Deux deniers rares.

377. **Bourgogne**, Hugues III (pl. 130, 15), Eudes III, Robert II, Hugues V (deniers de Dijon). Philippe de Rouvre (double parisis), Jean sans peur (blanc), Hugues IV et Eudes IV (deniers d'Auxonne). — Billon, dix pièces.

378. *Philippe de Rouvre*. Florin d'or (pl. 132, 14). Très rare.

(*Voyez la planche.*)

379. Philippe le Bon, Charles le Téméraire. — Billon, quatre pièces.

380. **Auxerre**, Deniers anonymes, deux pièces.

381. **Lorraine.** Ferri III, Thiébaut II, Ferri IV, Raoul, Jean Ier, Charles II, René d'Anjou, René II, Antoine, François Ier, Charles III. — Æ et billon, treize pièces.

382. Henri (teston, Saulcy, pl. 25, 2), Charles IV et Nicole, François II (teston, pl. 26, 3), Charles IV, Léopold, François III. — Æ et billon, six pièces.

383. **Flandre.** *Philippe le Bon*, cavalier d'or.

384. Le même (double gros). — Charles le Téméraire (double gros). — Marie de Bourgogne (double briquet). — Billon, trois pièces.

385. Henri VI d'Angleterre, gros de Calais. Æ.

PRINCES CROISÉS

386. **Antioche.** Tancrède, Roger II, etc. — Billon et cuivre, quatre pièces.

387. **Édesse.** Baudouin Ier, trois pièces.

388. **Jérusalem.** Amauri Ier, Baudouin IV, Amauri II. — Billon, trois pièces.

389. **Tripoli.** Raimond Ier, II et III, Bohémond VI et VII. — Æ, cinq pièces.

390. **Chypre.** Henri I et II, Hugues IV, Pierre I et II, Jacques II. — Æ et billon, huit pièces.

391. **Achaïe.** Guillaume de Champlitte, Villehardouin, Florent de Hainaut, etc., dix pièces.

392. **Athènes.** Gui de la Roche. — **Etolie**, Philippe de Tarente, etc. — Six pièces.

VARIA

393. **Bénévent.** Sicard, deux deniers. — **Allemagne.** Otton III, denier.

LIVRES

394. **Mionnet**. De la rareté et du prix des Médailles romaines. 3e édition. Paris, 1858. — 2 vol., demi-parchemin (portrait et planches).

395. **Babelon**. Description historique des Monnaies de la République romaine. Paris, 1885-86. — 2 vol., demi-parchemin (vignettes).

396. **Sabatier**. Description générale des Monnaies byzantines. Paris, 1862. — 2 vol., demi-chagrin rouge avec coins, tête dorée (planches).

397. **Letellier**. Description historique des Monnaies françaises. Paris, 1888-90. — 4 vol. en un, demi-chagrin.

398. **Barthélemy** (**A. de**). Nouveau Manuel de Numismatique ancienne. Paris, 1890. (*Sans l'atlas*). — Bradel.

399. **Blanchet**. Nouveau Manuel Numismatique du moyen âge et moderne. Paris, s. d. — 2 vol. avec atlas, Bradel.

400. Vente **Ponton d'Amécourt**. Collection de Monnaies mérovingiennes. Paris, 1890. — Grand in-8°, Bradel.

401. Vente **de Quelen**. Collection de Monnaies romaines et byzantines. Paris, 1888. — Grand in-8°, Bradel (planches). Prix de vente.

402. Vente du Baron **Pichon**. Objets antiques, du Moyen âge et Médailles artistiques. Paris, 1897. — Br. (planches).

403. Vente **H. Hoffmann.** Médailles grecques et romaines. Paris, 1898. — Grand in-8°, broché (portrait et planches).

404. Vente **H.** (**Meyer**). Monnaies royales et seigneuriales françaises. Paris, 1902. — Br. (planches).

---

405. Médaillier en palissandre, contenant cinquante tiroirs. — Haut., 1 m. 53 cent.; larg., 70 cent.

9.00

141 — 13.00

24.00

10	—	[illegible]
15	—	9.00
	—	6.50
18	—	[illegible]
[illegible]	—	[illegible]
32	—	[illegible]
37	—	[illegible]
48	—	[illegible]
85	—	[illegible]
88	—	[illegible]
92	—	19.00
130	—	15.00
113	—	16.00
116	—	[illegible]
124	—	[illegible]

www.ingramcontent.com/pod-product-compliance
Ingram Content Group UK Ltd.
Pitfield, Milton Keynes, MK11 3LW, UK
UKHW021115290826
14628UKWH00014B/2333

9 782329 305295